Ernst Probst

Julia Roberts: Das Sexsymbol der 1990-er Jahre

GRIN Verlag

Impressum:

Copyright © 2012 GRIN Verlag, Open Publishing GmbH
Druck und Bindung: Books on Demand GmbH, Norderstedt Germany
ISBN: 978-3-656-20006-2

Dieses Buch bei GRIN:

http://www.grin.com/de/e-book/194603/julia-roberts-das-sexsymbol-der-1990-er-
jahre

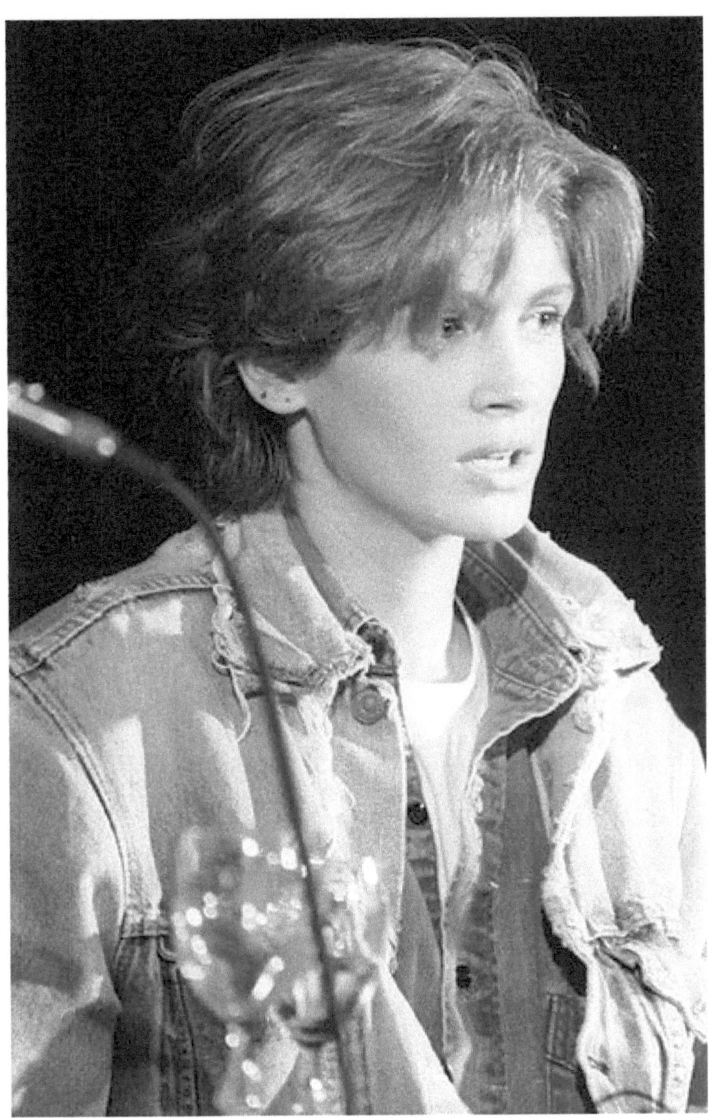

Julia Roberts 1990

Ernst Probst

Julia Roberts

Das Sexsymbol
der 1990-er Jahre

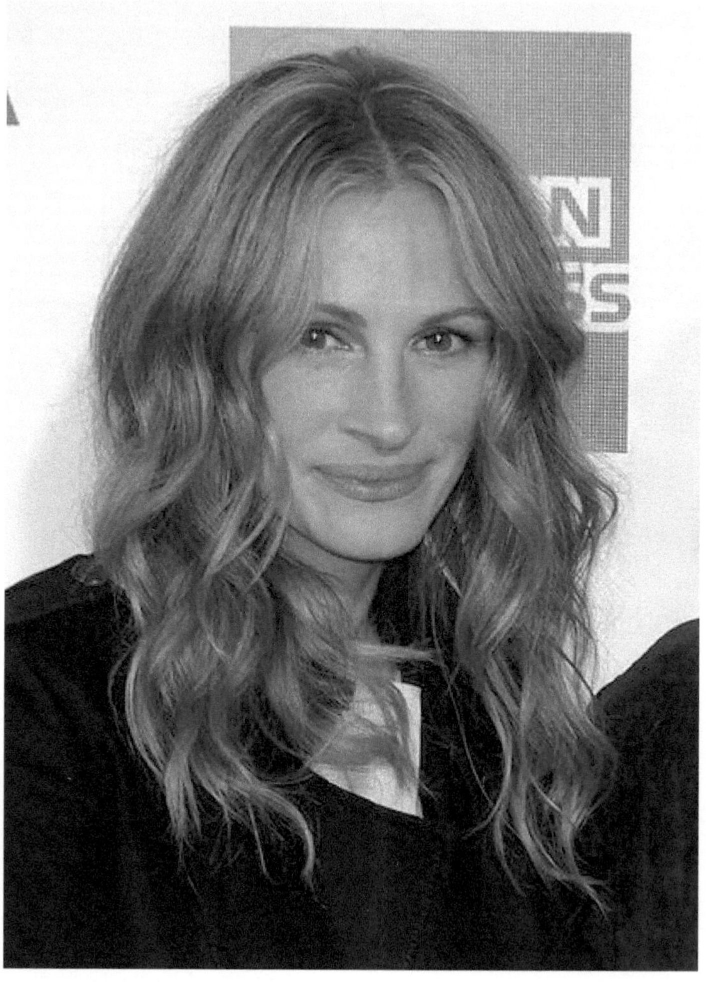

Julia Roberts 2011

Julia Roberts

Das Sexsymbol der 1990-er Jahre

Zum Sexsymbol der 1990-er Jahre avancierte die amerikanische Schauspielerin Julia Roberts. Der rothaarigen Schönheit glückte 1990 mit ihrer Rolle als „Nutte mit Herz" an der Seite von Richard Gere in dem Film „Pretty Woman" ein Riesenerfolg. Damit stieg sie über Nacht zum Weltstar auf. 2001 gewann sie den „Golden Globe" und den „Oscar" als beste Hauptdarstellerin.

Julia Fiona Roberts wurde am 28. Oktober 1967 als Tochter von Walter Grady Roberts (1933–1977) und Betty Lou Roberts, geborene Bredemus, im „Crawford Long Hospital" in Atlanta (Georgia) geboren. Sie war das dritte Kind nach ihrem Bruder Eric (1956) und ihrer Schwester Lisa (1965). Ihr Bruder wurde später Schauspieler, ihre Schwester Schauspielerin und Produzentin.

Ab 1965 lebten die Eltern von Julia im Haus mit der Nummer 849 an der Juniper Street in der Innenstadt von Atlanta. Dort führten sie eine Schauspielschule für Kinder. Auch mit ihren eigenen drei Kindern spielten die Eltern zuhause oft Theater, wodurch früh deren Interesse an der Schauspielerei erwachte.

An der Schule in Atlanta, die von Julia und ihren Geschwistern besucht wurde, gab es im Gegensatz zu den damals üblichen Gepflogenheiten keine Rassentrennung zwischen weißen und schwarzen Kindern. Dorthin gingen auch die Kinder des afro-amerikanischen Bürgerrechtlers Martin Luther King (1929–1968) zum Unterricht.

Gegen Ende der 1960-er Jahre hatten die Eltern von Julia große finanzielle Schwierigkeiten. Angeblich lebte die Familie Roberts damals unterhalb der offiziellen Armutsgrenze in den USA. 1971 ging die Schauspielschule der Roberts in Konkurs. Die Familie zog danach in eine kleinere Wohnung in der 8th Street in Atlanta. Der Vater von Julia arbeitete nun als Staubsaugervertreter einer Einzelhandelskette.

Am 14. Juli 1971 reichte die Mutter Betty die Scheidung ein. Diese wurde am 28. Januar 1972 rechtskräftig.

Die 38-jährige Mutter heiratete am 11. September 1972 den zehn Jahre jüngeren Theaterkritiker Michael Motes. In jenem Jahr zog sie mit ihren Kindern nach Smyrna (Georgia) um. Aus der zweiten Ehe stammt die 1976 geborene Tochter Nancy.

Die Mutter Betty bezeichnete ihre zweite Ehe später als großen Fehler. Ihr Sohn Eric berichtete, er und seine Schwestern seien vom Stiefvater misshandelt worden. Julia schwieg aus Rücksicht gegenüber ihrer Mutter und ihrer Halbschwester hierzu. Die zweite Ehe mit Motes endete im Oktober 1983 mit der Scheidung.

Im Alter von 13 Jahren jobbte die linkshändige Julia in einer Pizzeria in Smyrna. Sie besuchte die „Fitzhugh Lee Elementary School", die „Griffin Middle School" und die „Cambell High School" in Smyrna. Mehrfach beteiligte sie sich am Schönheitsbewerb „Mis Panthera", schaffte es aber nie weiter als bis zur Teilnahme am Finale. Während ihrer Schulzeit trat sie in einigen Theatervorstellungen auf. Ihr Bruder Eric studierte in London und New York City Schauspiel.

Walter Roberts, der Vater von Julia,. heiratete am 4. Juli 1974 Eileen Sellars. Seine zweite Ehefrau pflegte ein gutes Verhältnis zu ihren Stiefkindern, kam aber am 16. September 1977 bei einem Unfall ums Leben. Der Vater von Julia erlag am 3. Dezember 1977 einem Magenkrebsleiden. Sein erwachsener Sohn Eric war während seiner letzten Tage im Krankenhaus. Seinen minderjährigen Töchtern verschwieg seine Ex-Frau Betty seine schwere Krankheit. Sie kamen aber zur Beerdigung, zu der ihre Mutter nicht erschien.

Im Juni 1985 schloss Julia Roberts erfolgreich die „Campbell High School" ab. Bald danach zog sie zu ihrer Schwester Lisa nach New York City, die sich ebenfalls für die Schauspielerei interessierte. Dort lebte auch ihr Bruder Eric Roberts, der unter anderem bereits die Filme „The Coca-Cola Kid" (1984) und „Runaway Train" („Express in die Hölle", 1985) gedreht hatte. Ihren Lebensunterhalt bestritt Julia von geerbtem Geld sowie verschiedenen Jobs für eine Modelagentur, einen

Schuhladen und in einer Eisdiele. Außerdem bemühte sie sich um Angebote als Schauspielerin und wurde in die Kartei der Agentur von Bob McCowan aufgenommen. Ihren Südstaaten-Akzent versuchte sie durch Sprachunterricht loszuwerden. Einen Schauspielkurs brach sie ab, weil sie den Unterricht als sinnlos empfand. Nach vielen Vorsprechterminen bekam Julia Robert 1986 eine kurze Rolle in der Filmkomödie „Firehouse" (1987). Dieser Streifen wurde von Kritikern oft als viertklassig eingestuft. Der Auftritt von Julia währte nur etwa 15 Sekunden.

Damals war der Bruder Eric von Julia Roberts bereits ein gefragter Schauspieler. Man hatte ihn für den Film „Runaway Train" (1985) schon für den „Oscar" nominiert. Eric bot Julia an, in dem Horrorfilm „Blood Red – Stirb für dein Land" eine Nebenrolle als seine Schwester zu spielen. Die Dreharbeiten erfolgten im November und Dezember 1986. Dieser Film kam aber erst 1989 in die Kinos und hatte keinen Erfolg.

In dem Film „Satisfaction" (1988) mimte Julia Roberts ein jugendliches Bandmitglied, das Bassgitarre spielte. Ursprünglich hatte man sie für die Rolle einer Schlagzeugerin vorgesehen, dann aber Trini Alvarado verpflichtet. Die Dreharbeiten erfolgten im Mai und Juni 1987 in Charleston.

Im Herbst 1987 stand Julia Roberts für die Komödie „Mystic Pizza" („Pizza Pizza – ein Stück vom Himmel", 1988) vor der Filmkamera. Darin machte sie als erotisch wirkende und widerborstige portugiesische Kellnerin Daisy erstmals auf sich aufmerksam. Sie selbst glaubte zunächst nicht, die richtige Besetzung für diese Rolle zu sein. Als die Produktionsassistentin Jane Jenkins die Haarfarbe von Julia zu hell hielt, färbte diese sie kurzentschlossen um. Dies hatte dem Regisseur Donald Petrie so gut gefallen, dass er sie engagierte. Als Gage für diesen Film erhielt Julia 50.000 US-Dollar. Ihre Rolle wurde für die Filmpreise „Independent Spirit Award" und „Young Artist Award" nominiert.

In der Folge „Blutiger Spiegel" der Fernsehserie „Miami Vice", die auch in Deutschland zu sehen war, spielte Julia Roberts 1988 eine kleine Nebenrolle. Kurz danach erkrankte sie an Meningitis (Gehirnhautentzündung) und wurde deswegen in ein Krankenhaus in Santa Monica (Kalifornien) eingeliefert.

Den künstlerischen Durchbruch schaffte Julia Roberts in dem Film „Steel Magnolias" („Magnolien aus Stahl – die Stärke der Frauen", 1989). Dabei stand sie neben Stars wie Sally Field, Dolly Parton, Shirley MacLaine und Daryl Hannah vor der Kamera. Die Dreharbeiten erfolgten in der Kleinstadt Natchitoches. Dort hatte die 1985 an Diabetes gestorbene Schwester Susan des Drehbuchautors Robert Harling gelebt, deren Schicksal als Vorlage für die Handlung des Films diente. Die von Julia ververkörperte Rolle der zuckerkranken Shelby wurde mit dem „Golden Globe" als beste Schauspielerin belohnt und für den „Oscar" nominiert.

1989 war Julia Roberts kurzzeitig mit ihrem Filmpartner Dylan McDermott aus „Magnolien aus Stahl" verlobt.

Einen zweiten „Golden Globe" und erneut eine „Oscar"-Nominierung verdiente sich Julia Roberts mit „Pretty Woman" (1990). Dabei spielte sie die temperamentvolle Prostituierte Vivian in Los Angeles, die von einem reichen Freier für eine Woche engagiert wurde, um ihn auf gesellschaftlichen Ereignissen zu begleiten. Zuletzt verliebte sich das ungleiche Paar ineinander.

Der Arbeitstitel für diesen Streifen hieß zunächst „3000". Das war der Betrag, den die Prostituierte Vivian für ihre Dienste erhalten sollte. Der Regisseur Garry Marshall gab dem Film später den Namen „Pretty Woman". So heißt der Titel eines Songs von Roy Orbinson, der im Film zu hören ist. Kritiker beurteilten „Pretty Woman" anfangs nicht besonders gut. Doch dem Publikum gefiel die moderne Aschenputtel-Romanze. Sie wurde ein Kinohit und brachte weltweit 463,4 Millionen US-Dollar ein. Allein in Deutschland sahen ihn mehr als zehn Millionen Kinobesucher/innen. Julia erhielt für ihre Rolle als Prostituierte eine Gage von 300.000 US-Dollar.

Als man Julia Roberts die Hauptrolle für den Thriller „Flatliners" („Flatliners – Heute ist ein schöner Tag zum Sterben", 1990) anbot, lehnte sie zuerst ab. Doch nach der Lektüre des Drehbuches sagte sie im Sommer

1989 schließlich doch zu. Für ihre Rollte erhielt sie 550.000 US-Dollar. Um sich auf die Dreharbeiten vom Oktober 1989 bis zum 23. Januar 1990 vorzubereiten, las sie das tibetische Totenbuch. Auf dem Set des Films „Flatliners" verliebte sich Julia Roberts 1989 in den Schauspieler Kiefer Sutherland. Am 14. Juni 1991 ließ sie wenige Stunden vor der Trauungszeremonie ihre geplante Hochzeit mit ihm platzen.

In dem Thriller „Sleeping with the Enemy" („Der Feind in meinem Bett", 1991) festigte Julia Roberts ihren Ruf als Superstar. Sie mimte überzeugend das Opfer eines psychopathischen Ehemanns, das durch einen vorgetäuschten Unfalltod fliehen kann und sich ein neues Leben aufbaut. Später wird sie von ihrem Peiniger entdeckt und liefert sich mit ihm einen dramatischen Kampf um Leben und Tod. Für diese Rolle bekam Julia eine Gage von einer Million US-Dollar.

Der Streifen „Dying Young" („Entscheidung aus Liebe", 1991) brachte Julia Roberts bereits ein Salär von drei Millionen US-Dollar ein. Bei den Dreharbeiten für den Fantasiefilm „Hook" (1991) unter der Regie von Steven Spielberg soll Julia, die als sehr dünnhäutige, sensible Schauspielerin gilt, extrem schwierig gewesen sein.

Nach ihrer Nebenrolle in „Hook" gönnte sich Julia Roberts eine zweijährige Auszeit vom Film. Diese wurde nur 1992 durch einen Cameo-Auftritt in „The Player" unterbrochen. Als Cameo-Auftritt (oder kurz Cameo) bezeichnet man das überraschende und kurze Auftreten einer bekannten Person im Film. In den Medien kursierten wilde Spekulationen über die Abkehr von der Kinoleinwand. Das „People Magazin" beispielsweise stellte Anfang 1993 auf der Titelseite die Frage: „Was ist mit Julia Roberts passiert?" Später erklärte Julia, sie habe damals zu sich selbst finden wollen, da der plötzliche Ruhm und Erfolg vollkommen neu für sie gewesen sei. Andererseits hatte sie viele Drehbücher gelesen, aber keine Rolle angenommen, obwohl sie sich dies nach eigenen Angaben finanziell eigentlich gar nicht leisten konnte. Sie habe aber diese Zeit genossen und nie bereut und sogar fördernd für ihre spätere Karriere empfunden.

Nach ihrer schöpferischen Pause glänzte Julia Roberts neben Denzel Washington als Jurastudentin in dem Film „The Pelican Brief" („Die Akte", 1993) nach dem Buch von John Grisham unter der Regie von Alan J. Pakula. Dieser Streifen spülte weltweit fast 200 Millionen US-Dollar in die Kinokassen. 1993 stand Julia wieder an der Spitze der weiblichen Hollywood-Stars. Ihr Marktwert stand damals auf acht Millionen US-Dollar pro Film.

1993 heiratete Julia Roberts den zehn Jahre älteren Rockmusiker und Schauspieler Lyle Lovett. Ihn hatte sie bei den Dreharbeiten zu dem Film „The Player" (1992) kennengelernt. Danach sah man sie in der Komödie „I Love Trouble" („Nichts als Ärger", 1994) mit Nick Nolte. Dieser Streifen war finanziell ein Misserfolg. In der Komödie „Prêt-à-Porter" (1994) über die Pariser Modewelt spielte sie an der Seite ihres damaligen Ehemannes Lyle Lovett.

Im März 1995 zerbrach die Ehe von Julia Roberts mit Lyle Lovett. Im Mai 1995 reiste sie als Sonderbotschafterin des „United Nations International Children's Emergency Fund" („UNICEF"), des Kinderhilfsfonds der Vereinten Nationen, nach Haiti, um die Menschen in den reichen Ländern auf das traurige Los der Kinder und Mütter auf der karibischen Insel aufmerksam zu machen.

Im Jahr darauf nominierte man Julia Roberts für ihre Titelrolle in dem erfolgreichen Horrorfilm „Mary Reilly" (1996) für den Negativpreis „Goldene Himbeere" als schlechteste Hauptdarstellerin. Kein finanzieller Erfolg wurde der Film „Michael Collins" (1996) über den gleichnamigen Führer des irischen Unabhängigkeitskampfes von 1919 bis 1922. Darin hatte Julia eine Nebenrolle. Gute Kritiken erntete sie für ihre Rolle in dem Film „Every Says I Love You („Alle sagen: I love you", 1996) von Woody Allen. Darin zeigte sie ihre Fähigkeiten als Sängerin.

1997 wechselte Julia Roberts von Los Angeles nach New York City und gründete dort eine eigene Produktionsfirma. Im selben Jahr trat sie zusammen mit Mel Gibson in dem erfolgreichen Thriller „Conspiracy Theory" („Fletcher's Visionen", 1997) auf. Sie spielte

eine Staatsanwältin, die den wirren Verschwörungs-
theorien des Taxifahrers Jerry Fletcher nicht glaubte,
bis auf diesen ein Anschlag verübt wurde.
Ein weitere „Golden Globe-Nominierung" schaffte
Julia Roberts mit dem Film „My Best Friend's Wedding"
(„Die Hochzeit meines besten Freundes", 1997), der
weltweit fast 300 Millionen US-Dollar einspielte. Darin
versuchte sie als Julianne, mit allerlei Tricks die Hochzeit
ihres besten Freundes zu verhindern. Diesen Film sah
auch die amerikanische „First Lady" Hillary Clinton,
die hinterher befürchtete, Julia könnte das Rauchen noch
beliebter machen, weil sie unentwegt paffte.
Von 1998 bis 2001 war Julia Roberts mit dem Schauspieler Benjamin Bratt liiert. Über ihn sagte sie in einem
Interview mit der „Berliner Zeitung", er sehe verdammt
gut aus, aber seine Schönheit sei nichts im Vergleich
mit seiner Herzenswärme. Etwas Besseres könne sich
ein Mädchen wirklich nicht wünschen.
In dem Rührstück „Stepmom" („Seite an Seite", 1998)
spielte Julia Roberts glänzend die Werbefotografin
Isabel, die hartnäckig um die Liebe ihrer rebellischen
Stiefkinder kämpft und schließlich beim nahenden
Krebstod ihrer früheren Rivalin zu deren Freundin wird.
1999 sah man Julia Roberts in „Notting Hill" und
„Runaway Bride" („Die Braut, die sich nicht traut")
auf der Kinoleinwand. „Nothing Hill" gilt mit einem
Einspielergebnis von weltweit 363,8 Millionen US-
Dollar als einer der erfolgreichsten Filme in der Karriere

von Julia Roberts. Dieser Streifen bescherte ihr eine Gage von 15 Millionen US-Dollar und eine weitere Nominierung für den „Golden Globe".

In der romantischen Komödie „Runaway Bride" stand Julia Roberts erneut mit Richard Gere vor der Kamera. Dieser Film spielte weitweit 309,4 Millionen US-Dollar ein. Die Gage für Julia kletterte auf 17 Millionen US-Dollar.

Anfang März 1999 berichtete die amerikanische Zeitschrift „Hollywood Reporter", Julia Roberts erhalte für ihre Rolle in dem geplanten Film „Erin Brockovich" (2000) als erste Frau eine Gage von 20 Millionen US-Dollar. In dem auf Tatsachen beruhenden Drama spielte sie eine Sekretärin einer Anwaltskanzlei, die einen Umweltskandal aufdeckt, damit vor Gericht zieht und die größte Klage gewinnt, die je in den USA verhandelt wurde. Für ihre Rolle in „Erin Brockovich" erhielt sie 2001 ihren dritten „Golden Globe", den „Critics' Choice Award", „Screen Actors Guild Award" und den „Oscar".

Nachdem Brad Pitt und George Clooney erfuhren, dass Julia Roberts zusammen mit ihnen für „Ocean's Eleven" (2001) vor der Filmkamera stehen würde, schickten sie ihr eine Karte mit folgendem Text: „Wir haben gehört, dass du 20 pro Film bekommst" und einen 20-Dollar-Schein. Der Witz bestand darin, dass Julia zuvor – wie erwähnt – eine Gage von 20 Millionen US-Dollar erhalten hatte.

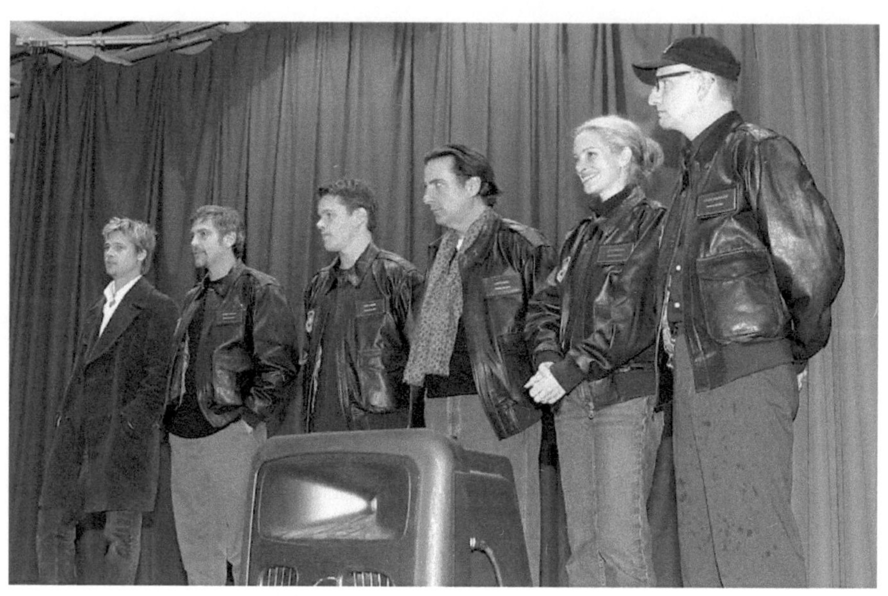

Von links nach rechts:
Schauspieler Brad Pitt, George Clooney, Matt Damon,
Andy Garcia und Julia Roberts
aus dem Film „Ocean's Eleven" (2001)
mit Regisseur Steven Soderbergh
am 7. Dezember 2001
auf der US-Air Base Incirlik in der Türkei

Im Road-Movie „The Mexican" (2001) sah man Julia Roberts an der Seite von Brad Pitt. Am Set für diesen Film lernte sie 2000 den Kameramann Daniel Moder kennen. Der damals noch verheiratete Mann ließ sich ein Jahr später von seiner Frau scheiden. Julia Roberts und Daniel Moder heirateten am 4. Juli 2002.
In „Ocean's Eleven" (2001) drehte Julia Roberts erneut mit Brad Pitt. Bei diesem Streifen handelte es sich um eine Neuverfilmung von „Frankie und seine Spießgesellen" (1960). Das Einspielergebnis der Neufassung betrug weltweit 450,7 Millionen US-Dollar. Julia mimte darin die Konservatorin Tess Ocean, deren Ex-Gatte Danny Ocean (George Clooney) nach seiner Entlassung aus dem Gefängnis den Tresor des „Bellagio"-Kasinos um 163 Millionen US-Dollar erleichtern wollte. Dieses Casino gehörte dem weltgewandten und skrupellosen Unternehmer Terry Benedict (Andy Garcia), der ein Auge auf Tess Ocean geworfen hatte. Danny Ocean wurde bei seinem Coup von einigen Kumpanen unterstützt (Brad Pitt, Matt Damon, Don Cheadle und Carl Reiner).
Als Fortsetzung von „Ocean's Eleven" kam „Ocean's Twelve" (2004) in die Kinos. Auch hier stand Julia Roberts mit Brad Pitt und George Clooney vor der Kamera. Sie verkörperte erneut die Rolle der Tess Ocean, die diesmal ihre Ähnlichkeit mit der Schauspielerin Julia Roberts nutzte, um einen Raub in einem Museum auszuüben. „Ocean's Twelve" erreichte

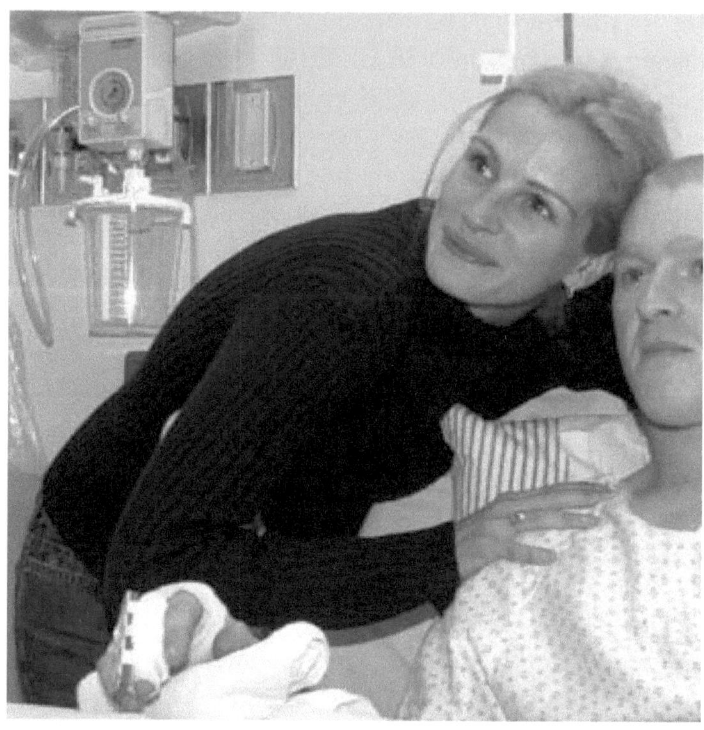

*Julia Roberts am Krankenbett eines US-Soldaten
im Hospital auf der US-Air Base Incirlik in der Türkei
am 7. Dezember 2001*

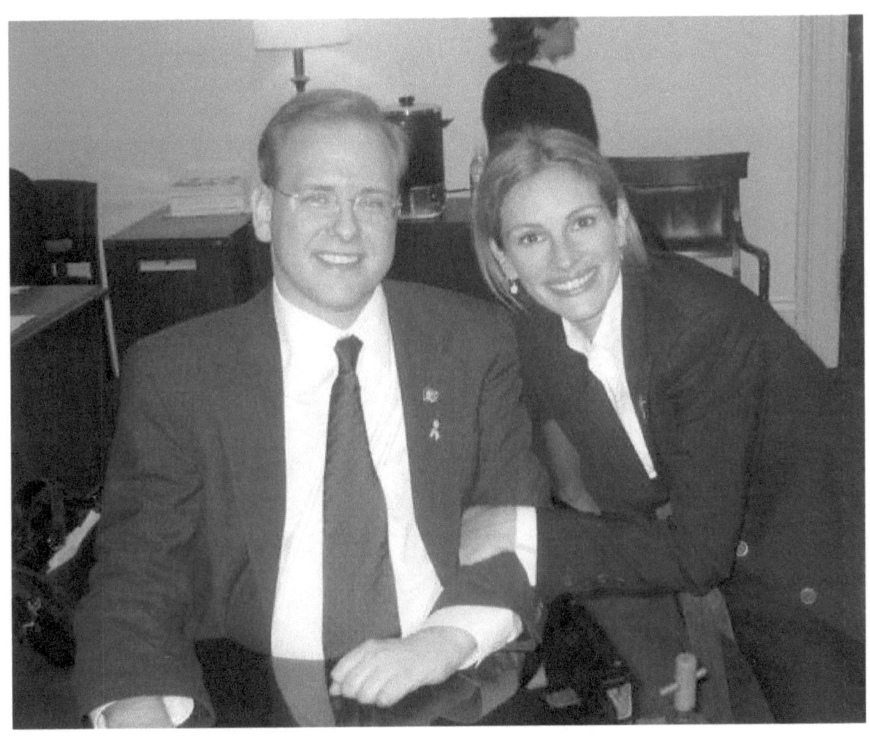

Julia Roberts (rechts)
mit dem US-Kongressabgeordneten Jim Langevin
im Mai 2002

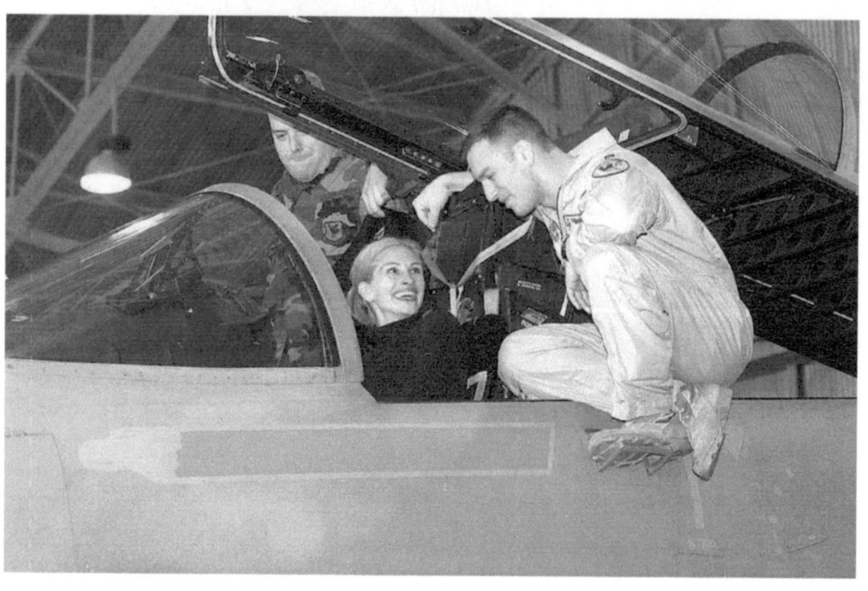

*Julia Roberts während eines Besuches
der US-Air Base Incirlik in der Türkei
im Cockpit einer Militärmaschine
des Typs „F-15".
Diese Air Base wurde damals
auch von George Clooney, Matt Damon,
Andy Garcia und Brad Pitt besucht.*

eine Einspielergebnis von weltweit 362,7 Millionen US-Dollar.

Nach der Geburt ihrer zweieiigen Zwillinge Hazel Patricia und Phinnaeus Walter am 28. November 2004 gönnte sich Julia Roberts erneut eine kurze Auszeit von der Schauspielerei. Am 18. Juni 2007 kam ihr drittes Kind, der Sohn Henry Daniel, zur Welt. Alle drei Kinder tragen den Familiennamen Moder ihres Vaters.

In „Charlie Wilson's War" („Der Krieg des Charlie Wilson", 2007) drehte Julia Roberts zusammen mit Tom Hanks. Hierfür wurde sie zum sechstenmal für den „Golden Globe" nominiert. 2008 folgte „Fireflies in the Garden" („Zurück im Sommer"). Ihre siebte Nominierung für den „Golden Globe" erhielt sie für „Duplicity – Gemeinsame Geheimsache" (2009). Im Drama „Eat, Pray, Love" (2010) spielte sie die Rolle der amerikanischen Schriftstellerin Elizabeth Gilbert. Das Endspielergebnis hierfür betrug weitwelt 204,5 Millionen US-Dollar. 2011 folgte der Liebesfilm „Larry Crownell".

Im Gegensatz zu anderen weiblichen Filmstars will Julia Roberts in Würde alt werden. Mit 42 Jahren erklärte sie im Sommer 2010, sie werde sich ihre Gesichtsfalten nicht straffen lassen. Sie wolle, dass ihre Kinder es ihr ansehen, wenn sie sauer, glücklich oder verlegen sei. Schönheitsoperationen lehnt sie ab.

Im Juli 2010 war Julia Roberts auf Werbefotos für die französische Kosmetikfirma „L'Oreal" zu schön, weswegen die britische Werbeaufsicht diese Werbekampagne verbot. Werbeexperten hatten auf Fotos das Gesicht der 43-jährigen Julia Roberts so stark nachbearbeitet, dass dieses fältchenfrei und fast überirdisch schön aussah. Das Verbot wurde von Jo Swinson, einem britischen Parlamentsmitglied und einer erbitterten Gegnerin von unglaubwürdigen, überzogenen Schönheitsidealen in den Medien, erstritten. Swinson betrachtete die Werbekampage von „L'Oreal" als Beispiel eines beunruhigenden Trends: Bereits die Hälfte der britischen Mädchen zwischen 16 und 21 Jahren würde sich einer Schönheitsoperation unterziehen. Die Zahl der essgestörten Jugendlichen habe sich in den letzten 15 Jahren in Großbritannien verdoppelt. Das übertriebene Retuschieren der Fotos von Stars und Sternchen in der Presse trage zu diesem Problem bei.

Ausgerechnet ihr ansonsten im Filmgeschäft weniger erfolgreicher Bruder Eric Roberts stahl im August 2010 Julia Roberts in den Kinocharts die Schau. Überraschenderweise erreichte der Action-Film „The Expendables", in dem Eric als Bösewicht mitwirkte, den ersten Platz. Sein Streifen spielte allein in der ersten Woche fast 35 Millionen US-Dollar ein. Dagegen landete der Streifen „Eat, Pray, Love" mit Julia „nur" auf dem zweiten Rang und brachte im Vergleichszeitraum mit rund 23 Millionen US-Dollar merklich weniger ein.

Julia Roberts hatte zeitweise mit ihrem Bruder Eric keinen Kontakt. Schuld daran waren dessen Drogengeschichten und ein Sorgerechtsstreit mit seiner Ehefrau. Eric hatte erst in den 1990-er Jahren dem Kokain abgeschworen und nahm fortan stattdessen fast täglich Marihuana. Nach Auftritten in der US-Reality-Serie „Celebrity Rehab", in der Prominente vor laufender Kamera bei ihrem Drogenentzug beobachtet werden, wurde er „trocken". Bei der Premiere des Films „The Expendables" stand er erstmals nicht zugekifft auf dem roten Teppich, worauf er sehr stolz war.
Im November 2010 erlebte Emma Roberts, die damals 19-jährige Nichte von Julia Roberts, eine angenehme Überraschung. Als die Zeitschrift „Teen Vogue" die 50 bestangezogenen weiblichen Prominenten kürte, eroberte sie hinter dem Londoner Mannequin Alexa Chung den respektablen zweiten Platz. Sängerin Rihanna beispielsweise landete abgeschlagen auf Rang 40.
Aus Sicht der bösen Stiefmutter und missverstandenen Königin erzählt Julia Roberts in dem Film „Spieglein Spieglein" (2012) die wirklich wahre Geschichte von Schneewittchen. Darin spielt Lily Collins, eine Tochter von Popstar Phil Collins, das Schneewittchen. Die Königin berichtet, wie es wirklich war mit dieser weinerlichen Prinzessin und den verbrecherischen sieben Zwergen, wie sie Opfer einer Intrige wurde und dass sie gar nichts dafür konnte, dass sich Schneewittchen an einem Apfel verschluckte, den man ihr nur

aus Sorge vor eventuellem Vitaminmangel geschenkt hatte. Nach dem Urteil von „Spiegel Online" handelt es sich dabei um eine lahme Geschichte von schockierender Langeweile.

Mancher Film, für den Julia Roberts eine Rolle angeboten, aber von ihr abgelehnt wurde, war später sehr erfolgreich. Dazu gehören „Basic Instinct" (1992), wo ihr Sexszenen als zu gewagt erschienen, „Schlaflos in Seattle" (1993), „Während Du schliefst" (1995), „Batman & Robin" (1997), „Shakespeare in Love" (1998) und „Sieben Tage, sieben Nächte" (1998).

Das filmische Schaffen von Juli Roberts wurde mit zahlreichen Auszeichnungen und Nominierungen gewürdigt. Im Oktober 1997 wählte das britische Magazin „Empire" sie auf Platz 66 der 100 größten Filmstars aller Zeiten. Von 1990 bis 2010 kam sie im US-Magazin „People" sechsmal unter die 50 schönsten Menschen der Welt.

Filme von Julia Roberts

(Auswahl)

1987: Crime Story (Fernsehserie, eine Episode)
1987: Firehouse
1988: Satisfaction
1988: Liebe auf Texanisch (Baja Oklahoma, Fernsehfilm)
1988: Miami Vice (Fernsehserie, eine Episode)
1989: Pizza Pizza – Ein Stück vom Himmel (Mystic Pizza)
1989: Blood Red – Stirb für dein Land (Blood Red)
1989: Magnolien aus Stahl (Steel Magnolias)
1990: Pretty Woman
1990: Flatliners – Heute ist ein schöner Tag zum Sterben (Flatliners)
1991: Der Feind in meinem Bett (Sleeping with the Enemy)
1991: Entscheidung aus Liebe (Dying Young)
1991: Hook
1992: The Player (Cameo-Auftritt)
1993: Die Akte (The Pelican Brief)
1994: Nichts als Ärger (I Love Trouble)

1994: Prêt-à-Porter
1995: Power of Love (Something to Talk About)
1996: Friends (Fernsehserie, Folge 2x13 The One After the Superbowl, Part Two)
1996: Mary Reilly
1996: Michael Collins
1996: Alle sagen: I love you (Everyone Says I Love You)
1997: Die Hochzeit meines besten Freundes (My Best Friend's Wedding)
1997: Fletcher's Visionen (Conspiracy Theory)
1998: Seite an Seite (Stepmom)
1999: Law & Order (Fernsehserie, eine Episode)
1999: Notting Hill
1999: Die Braut, die sich nicht traut (Runaway Bride)
2000: Erin Brockovich
2000: Nature (Dokumentarfilmserie, eine Episode)
2001: The Mexican
2001: America's Sweethearts
2001: Ocean's Eleven
2002: Grand Champion
2002: Geständnisse – Confessions of a Dangerous Mind (Confessions of a Dangerous Mind)
2002: Voll Frontal (Full Frontal)
2003: Freedom: A History of Us (Miniserie)
2003: Mona Lisas Lächeln (Mona Lisa Smile)

2004: Hautnah (Closer)
2004: Ocean's Twelve
2005: Nature (Dokumentarfilmserie, zwei Episoden)
2007: Der Krieg des Charlie Wilson (Charlie Wilson's War)
2008: Zurück im Sommer (Fireflies in the Garden)
2009: Duplicity – Gemeinsame Geheimsache (Duplicity)
2010: Valentinstag (Valentine's Day)
2010: Eat Pray Love
2011: Love, Wedding, Marriage – Ein Plan zum Verlieben (Love, Wedding, Marriage, Sprechrolle)
2011: Larry Crowne
2012: Spieglein Spieglein – Die wirklich wahre Geschichte von Schneewittchen

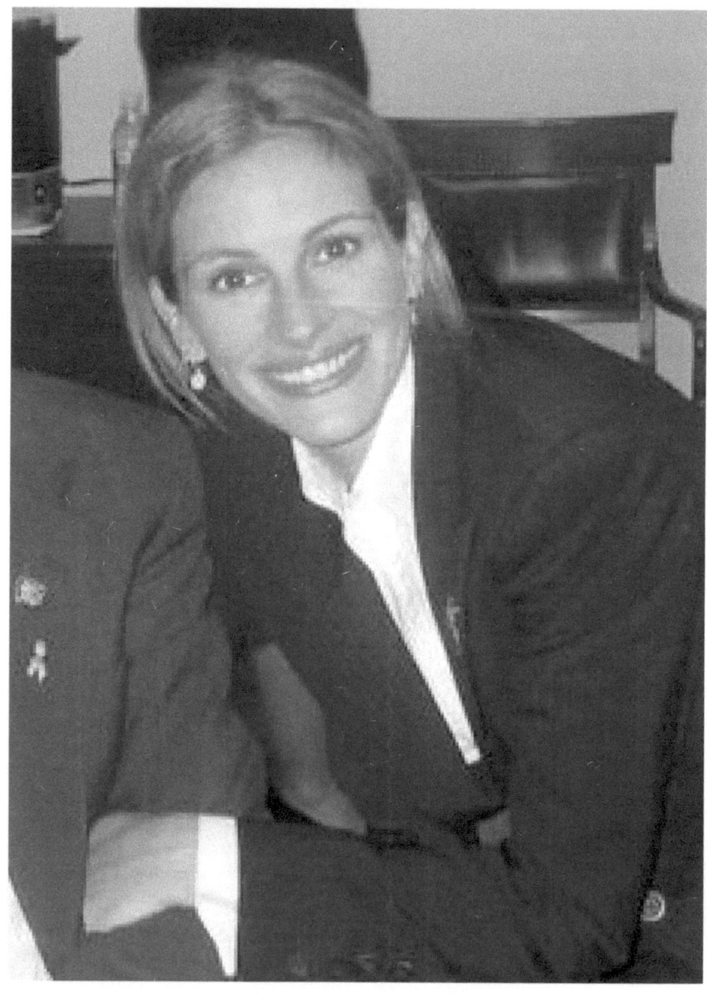

Julia Roberts 2002

Zitate von Julia Roberts

Dein Gesicht erzählt eine Geschichte.
Und es sollte nicht die über deine Arztbesuche sein.

Nicht ein Prinz hat mich gerettet,
ich habe es selbst getan.

Schauspielkunst bedeutet,
mit Kleidung zu agieren.
Wenn man sich auszieht,
handelt es sich um einen Dokumentarfilm.

Wir nehmen es hin, unglücklich zu sein,
aus Angst vor Veränderung.

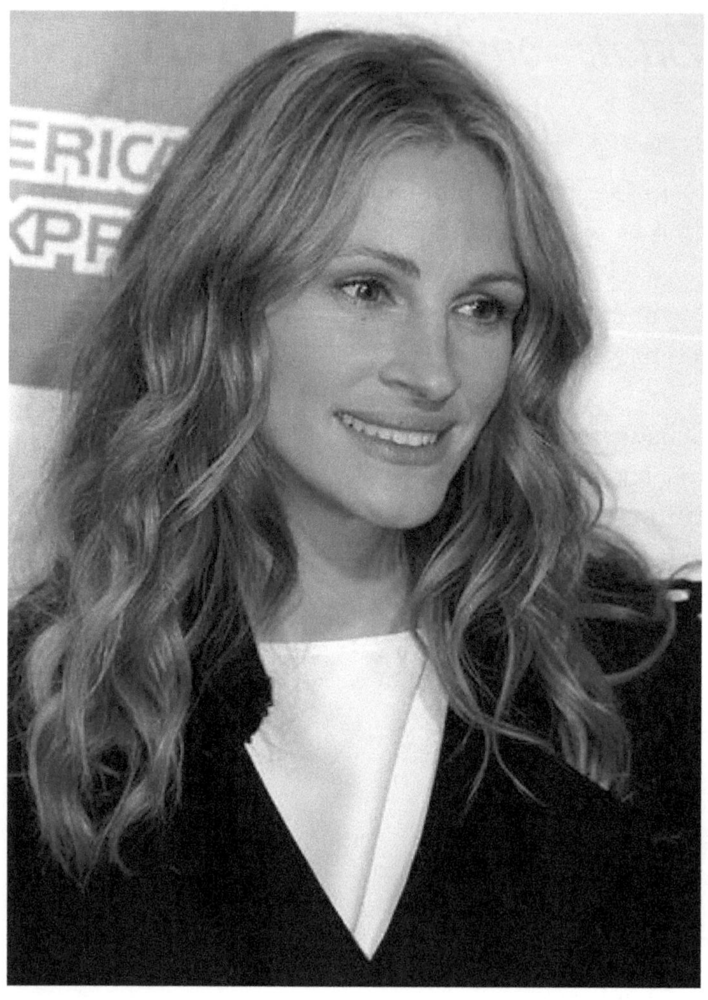

Julia Roberts 2011

Literatur

FEMBIO Frauen-Biographie-Forschung
http://www.fembio.org
INTERNET MOVIE DATABASE
(Film-Datenbank)
http://www.imdb.com
PENNING, Lars: Julia Roberts, Berlin 2003
PROBST, Ernst: Superfrauen 7 – Film und Theater, Mainz-Kostheim 2001
PROBST, Ernst: Königinnen des Films, München 2012
PUBLIKUMSLIEBLINGE NICHT NUR VON GESTERN http://www.steffi-line.de
Internetseite von Stephanie D'heil, Düsseldorf
WIKIPEDIA (Online-Lexikon)
http://wikipedia.org
WINNERT, Derek (Herausgeber): Julia Roberts. Aus: Kino. Die große Welt der Filme und Stars, S. 149/150, Niedernhausen 1995

Bildquellen

Klaus Benz, Fotograf, Mainz-Laubenheim: 36

Foto eines Mitarbeiters der US-amerikanischen
Bundesregierung oder einem seiner Organe in
Ausübung seiner dienstlichen Pflichten: 21, 30

Tanaya M. Harms, Air man 1st Class, USAF (Fotos
vom 7. Dezember 2001 auf der US-Air Base Incirlik
in der Türkei): 18, 20, 22

Wikipedia (Online-Lexikon) http://wikipedia.org:
Roland Godefroy (Foto vom September 1990
beim „Festival du cinéma américain" in Deauville,
Normandie, Frankreich): 1
David Shankbone (Foto bei der Premiere des Films
„Jesus Henri Christ", 2011): 6, 32

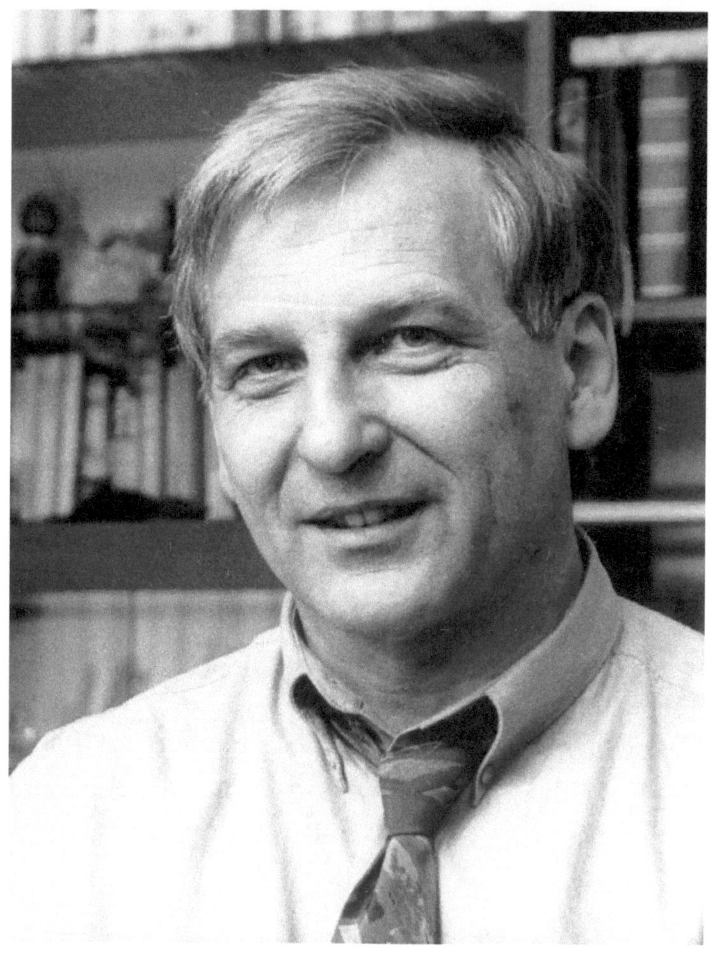

Autor Ernst Probst

Der Autor Ernst Probst

Ernst Probst, geboren am 20. Januar 1946 in Neunburg vorm Wald im bayerischen Regierungsbezirk Oberpfalz, ist Journalist und Wissenschaftsautor. Er arbeitete von 1968 bis 1971 als Redakteur bei den „Nürnberger Nachrichten", von 1971 bis 1973 in der Zentralredaktion des „Ring Nordbayerischer Tageszeitungen" in Bayreuth und von 1973 bis 2001 bei der „Allgemeinen Zeitung", Mainz. In seiner Freizeit schrieb er Artikel für die „Frankfurter Allgemeine Zeitung", „Süddeutsche Zeitung", „Die Welt", „Frankfurter Rundschau", „Neue Zürcher Zeitung", „Tages-Anzeiger", Zürich, „Salzburger Nachrichten", „Die Zeit", „Rheinischer Merkur", „Deutsches Allgemeines Sonntagsblatt", „bild der wissenschaft", „kosmos", „Deutsche Presse-Agentur" (dpa), „Associated Press" (AP) und den „Deutschen Forschungsdienst" (df). Aus seiner Feder stammen die Bücher „Deutschland in der Urzeit" (1986), „Deutschland in der Steinzeit" (1991) und „Deutschland in der Bronzezeit" (1996). Von 2001 bis 2006 betätigte sich Ernst Probst als Buchverleger sowie zeitweise als internationaler Fossilienhändler und Antiquitätenhändler. Insgesamt veröffentlichte er rund 200 Bücher, Taschenbücher, Broschüren und E-Books.

Bücher von Ernst Probst

(Auswahl)

Als Mainz noch nicht am Rhein lag

Annie Oakley
Die Meisterschützin des Wilden Westens

Archaeopteryx. Der Urvogel
aus Bayern

Christl-Marie Schultes. Die erste Fliegerin in Bayern
(zusammen mit Theo Lederer)

Cortés und Malinche. Der spanische Eroberer
und seine indianische Geliebte

Der Europäische Jaguar

Der Mosbacher Löwe
Die riesige Raubkatze aus Wiesbaden

Der Rhein-Elefant
Das Schreckenstier von Eppelsheim

Eiszeitliche Leoparden in Deutschland

Frauen im Weltall

Hildegard von Bingen. Die deutsche Prophetin

Höhlenlöwen. Raubkatzen
im Eiszeitalter

Julchen Blasius
Die Räuberbraut des Schinderhannes

Katharina II. die Große.
Die Deutsche auf dem Zarenthron

Johann Jakob Kaup
Der große Naturforscher aus Darmstadt

Königinnen der Lüfte in Deutschland

Königinnen der Lüfte in Europa

Königinnen der Lüfte in Amerika

Königinnen der Lüfte von A bis Z

Rund 70 Kurzbiografien berühmter Fliegerinnen,
Ballonfahrerinnen, Luftschifferinnen,
Fallschirmspringerinnen, Astronautinnen und
Kosmonautinnen

Königinnen des Films

Königinnen des Tanzes

Königinnen des Theaters

Malende Superfrauen

Meine Worte sind wie die Sterne

Die Entstehung der Rede des Häuptlings Seattle
(zusammen mit Sonja Probst)

Monstern auf der Spur
Wie die Sagen über Drachen, Riesen
und Einhörner entstanden

Neues vom Ur-Rhein
Interview mit dem Geologen und Paläontologen
Dr. Jens Sommer

Österreich in der Frühbronzezeit

Österreich in der Mittelbronzezeit

Österreich in der Spätbronzezeit

Pompadour und Dubarry. Die Mätressen
von Louis XV.

Raub-Dinosaurier von A bis Z.
Mit Zeichnungen von Dmitry Bogdanav
und Nobu Tamura

Rekorde der Urmenschen
Erfindungen, Kunst und Religion

Rekorde der Urzeit
Landschaften, Pflanzen und Tiere

Säbelzahnkatzen. Von Machairodus
bis zu Smilodon

Säbelzahntiger am Ur-Rhein. Machairodus
und Paramachairodus

Superfrauen aus dem Wilden Westen

Superfrauen 1 – Geschichte

Superfrauen 2 – Religion

Superfrauen 3 – Politik

Superfrauen 4 – Wirtschaft und Verkehr

Superfrauen 5 – Wissenschaft

Superfrauen 6 – Medizin

Superfrauen 7 – Film und Theater

Superfrauen 8 – Literatur

Superfrauen 9 – Malerei und Fotografie

Superfrauen 10 – Musik und Tanz

Superfrauen 11 – Feminismus und Familie

Superfrauen 12 – Sport

Superfrauen 13 – Mode und Kosmetik

Superfrauen 14 – Medien und Astrologie

Tony und Bruno Werntgen. Zwei Leben für die Luftfahrt
(zusammen mit Paul Wirtz)

Was ist ein Menhir?
Interview mit dem Mainzer Archäologen
Dr. Detert Zylmann

Weisheiten der Indianer

Wer ist der kleinste Dinosaurier?
Interviews mit dem Wissenschaftsautor Ernst Probst

Wer war der Stammvater der Insekten?
Interview mit dem Stuttgarter Biologen
und Paläontologen Dr. Günther Bechly

Zenobia von Palmyra.
Eine Frau kämpft gegen die Römer

Bestellungen bei: http://www.grin.com